MARIE DE BRABANT,

DRAME HISTORIQUE, EN CINQ ACTES

ET EN VERS,

PAR

M. ANCELOT,

Représenté pour la première fois sur le théâtre royal de l'Odéon,
le 18 novembre 1828.

PARIS,

BRÉAUTÉ, LIBRAIRE-ÉDITEUR,

PASSAGE CHOISEUL, Nᵒˢ 62 et 64.

—

1828.

IMPRIMERIE DE GUIRAUDET.

MARIE
DE BRABANT.

OUVRAGES DU MÊME AUTEUR.

—

Louis IX, tragédie en cinq actes, troisième édition.
Le Maire du palais, tragédie en cinq actes, deuxième édition.
Fiesque, tragédie en cinq actes, troisième édition.
Marie de Brabant, poème en six chants, troisième édition.
Six Mois en Russie, 1 vol. in-8", deuxième édition.
L'Homme du monde, 4 vol. in-12, deuxième édition.
L'Important, comédie en trois actes et en vers.
Olga, ou L'Orpheline moscovite, tragédie en cinq actes et en
    vers, deuxième édition.

IMPRIMERIE DE GUIRAUDET,
rue Saint-Honoré, n° 315.

MARIE
DE BRABANT,

DRAME HISTORIQUE, EN CINQ ACTES

ET EN VERS,

PAR

M. ANCELOT,

Représenté pour la première fois sur le théâtre royal de l'Odéon,
le 18 novembre 1828.

PARIS,

BRÉAUTÉ, LIBRAIRE-ÉDITEUR,

PASSAGE CHOISEUL, Nᵒˢ 60 et 62.

1828.

PERSONNAGES.	ACTEURS.
—	—
PHILIPPE III , roi de France.	MM. Auguste.
LABROSSE , baron de Luxeuil.	Bocage.
EYMERI , son fils.	Lockroy.
SAINT-POL.	Thénard.
DE NESLE.	Desnoyers.
LANDRY, chef des aventuriers.	Provost.
REYNOLD , archer.	Paul.
2ᵉ ARCHER.	Vincent-Adolphe.
1ᵉʳ PAYSAN.	Menétrier.
2ᵉ PAYSAN.	Masson.
Un OFFICIER DU PALAIS.	Thimotée.
MARIE DE BRABANT, reine de France.	Mesd. Charton.
LA BÉGUINE DE NIVELLE.	{ Gersay. { Derfeuille.
LOUIS , fils de Philippe.	Bérenger.

—

L'action a lieu en 1276. Le premier, le deuxième , le quatrième et le cinquième actes , se passent dans le château de Vincennes ; le troisième , dans une hôtellerie des environs.

—

Nota. Les acteurs sont placés en tête de chaque scène comme ils doivent l'être au théâtre ; le premier occupe la gauche du spectateur.

MARIE

DE BRABANT.

ACTE PREMIER.

Le théâtre représente une salle du château de Vincennes ; un trône
et deux fauteuils placés sur une estrade occupent un des côtés ;
une galerie est dans le fond.

SCÈNE Ire.

REYNOLD, ARCHERS, PAYSANS, puis EYMERI.

REYNOLD, archer, repoussant la foule.

Hors d'ici, paysans, qu'on se range.

UN PAYSAN.

De grâce,
Souffrez, seigneur archer, qu'on reste à cette place ;
Nous voulons voir la reine, et le prince, et le roi.
Ne vont-ils pas bientôt revenir du tournoi ?

REYNOLD.

Oui; mais écartez-vous, c'est l'ordre.

LE PAYSAN.

Quel dommage !

UN AUTRE PAYSAN.

Allons de ce côté, nous verrons mieux, je gage.

LE PAYSAN.

Non ! Mais n'es-tu pas, toi, parent de cet archer ?

2.ᵉ PAYSAN.

Certe !

1ᵉʳ PAYSAN.

Eh bien ! parle-lui; qu'il nous laisse approcher.

2.ᵉ PAYSAN, à Reynold.

Veux-tu dîner chez moi, Reynold, après ta garde ?

REYNOLD.

Ah ! bonjour !

2.ᵉ PAYSAN.

Nous boirons d'un vin vieux qu'il me tarde
De goûter avec toi.

REYNOLD.

Volontiers ! grand merci !

2ᵉ PAYSAN.

Permets, pour voir le roi, que nous restions ici.

REYNOLD.

Soit; mais gardez-vous bien de passer cette arcade.

2ᵉ PAYSAN.

Aux autres.

Non ! non ! C'est arrangé.

2.e ARCHER, à Reynold.

> Dis-moi donc, camarade,

Vers la foule, là-bas, n'as-tu pas vu marcher
Un jeune homme?

REYNOLD.

Il se peut.

2.e ARCHER.

> Il semble se cacher.

REYNOLD.

Bon! pourquoi?

2.e ARCHER.

> Je ne sais; j'ai cru le reconnaître.

REYNOLD.

Aurais-tu des soupçons? Serait-ce quelque traître?

2.e ARCHER.

Non; c'est, je crois, le fils du baron de Luxeuil.

REYNOLD.

Eymeri! du palais oser toucher le seuil!
N'est-il pas exilé par le prince?

2.e ARCHER.

> Oui, sans doute.

REYNOLD.

Des pays étrangers il dut prendre la route.
Dans Vincenne aujourd'hui qui peut le ramener?

2.e ARCHER.

Et comment le savoir?

REYNOLD.

> Il faut examiner

1.

Et surveiller ses pas, tout en causant ensemble.

2ᵉ ARCHER.

D'accord.

REYNOLD.

Pourquoi fut-il exilé ?

2.ᵉ ARCHER.

              Mais il semble

Que tu viennes, Reynold, des rives du Jourdain.

REYNOLD.

Par l'armet de Roland, j'en connais le chemin ;
Et le saint roi Louis, qui là-haut peut m'entendre,
Sait bien que j'y risquai mes jours pour le défendre.

2ᵉ ARCHER.

Soit. Mais tu ne sais rien des nouvelles du jour ?
De quoi donc te sert-il d'approcher de la cour ?

REYNOLD.

Eh bien ! parle, voyons, toi qui sais tant de choses ;
De l'exil d'Eymeri raconte-moi les causes.

2ᵉ ARCHER.

Ecoute : Quand Philippe, héritier du saint roi,
Ramenant de Tunis les drapeaux de la foi,
Après tant de combats revint dans sa patrie,
Il était veuf.... Bientôt il épousa Marie.

REYNOLD.

Sœur du duc de Brabant.

2ᵉ ARCHER.

              Mais il avait un fils.

REYNOLD.

Sans doute.

2e ARCHER.

Et l'on prétend que le prince Louis,
En secret indigné de l'hymen de son père,
Dans la femme du roi ne vit qu'une étrangère.

REYNOLD.

Je le sais.

2e ARCHER.

Eymeri, jeune et beau chevalier,
D'abjurer cette haine osa le supplier.
Il blâmait ses soupçons ; d'une voix attendrie,
Il vantait la beauté, les vertus de Marie :
Car, pour lui, c'est un ange ! Il semble, à son aspect,
Interdit et tremblant d'amour et de respect.

REYNOLD.

Il a raison : la reine est si belle et si bonne !
Jamais plus noble front n'a porté la couronne.

2e ARCHER.

Il accusa Louis d'injustice et d'erreur ;
Et le prince, écoutant une aveugle fureur,
Naguère le bannit des lieux de sa naissance.

REYNOLD.

Mais son père est ministre ! et certes sa puissance
Pouvait le protéger.

2e ARCHER.

Il le laissa partir.

REYNOLD.

Et tu le crois ici ?

1er PAYSAN.

La reine va sortir.
Approchons, approchons.

REYNOLD, repoussant la foule.

Doucement, qu'on se range.

2e ARCHER.

Reynold, vois-tu là-bas cette figure étrange ?
C'est une femme.

REYNOLD.

Eh bien !

2e ARCHER.

Elle marche vers nous.
Des hommes devant elle ont ployé les genoux.

REYNOLD, regardant dans la coulisse.

Oh ! je la reconnais. Que le Ciel nous protége !
D'apporter le malheur elle a le privilége ;
Elle était avec nous à Massoure, à Tunis ;
On la raillait souvent.... Dieu nous en a punis.
C'est elle qu'on nomma béguine de Nivelle.
On dit que l'avenir à ses yeux se révèle.
Etrangère à ce monde, elle habite un clocher ;
Ce n'est qu'en hésitant qu'on ose en approcher :
Sa présence est toujours d'un funeste présage.

2e ARCHER.

Un vieux soldat, Reynold, devrait être plus sage,

Moins crédule surtout !

REYNOLD.

Elle me fait trembler !

2ᶜ ARCHER.

Oh ! moi, je n'ai pas peur, et je vais lui parler.

SCÈNE II.

—

LES MÊMES, LA BÉGUINE DE NIVELLE.

LA BÉGUINE.

J'arrive de bien loin ; je me soutiens à peine.
Mes frères, j'ai besoin de parler à la reine ;
Conduisez-moi.

2ᶜ ARCHER.

Qui ? vous !

LA BÉGUINE.

Ne me repoussez pas :
Je viens au nom du Ciel ; il a guidé mes pas.

2ᶜ ARCHER.

Oh ! la reine à présent ne pourrait vous entendre :
Le tournoi dure encore.

LA BÉGUINE.

Eh bien, je vais attendre.

2e ARCHER.

Vous attendrez en vain. Les fêtes de la cour
Sans doute retiendront la reine tout le jour :
Car le roi, consacrant les droits de la naissance,
Associe aujourd'hui son fils à sa puissance.
Déjà de la couronne il vient de le parer.

LA BÉGUINE.

De la couronne !

2e ARCHER.

                    Eh mais ! pouvez-vous l'ignorer ?
Grâce au don merveilleux que le Ciel vous dispense
Vous devez tout savoir.

LA BÉGUINE.

                    J'en sais plus qu'on ne pense,
Moins que je ne voudrais.

REYNOLD.

                    Si tu veux m'écouter,
Sois prudent, camarade, et crains de l'irriter.
Vois, le jeune Eymeri de ce côté s'avance.
Laissons-les, et tous deux observons en silence.

SCÈNE III.

—

LES Mêmes, EYMERI.

EYMERI, s'approchant.

Voilà donc cet objet de crainte et de respect,
Qui voit les plus hardis frémir à son aspect !
Du céleste pouvoir qu'elle obtint en partage
Les récits merveilleux ont bercé mon jeune âge.
Approchons !.... Je balance ! et mon cœur combattu
N'ose qu'à peine...

LA BÉGUINE.

Eh bien! jeune homme, que veux-tu?

EYMERI.

Vous offrir mes secours.

LA BÉGUINE.

Ils me sont inutiles.
Seule j'ai traversé bien des champs, bien des villes ;
J'arrive enfin.

EYMERI.

On dit que vos regards pieux
Lisent notre avenir sur la voûte des cieux ,
Que l'esprit du Très-Haut vous touche de sa flamme ,

Qu'un souffle prophétique a passé dans votre âme,
Qu'à vos pieds autrefois les Paladins séduits,
Déposant leurs lauriers...

LA BÉGUINE.

Qu'importe qui je suis !
Dans cette foule aveugle et souvent égarée,
L'un me nomme la folle, un autre l'inspirée.
Si je prévois vos maux, j'aime à les soulager.
Mais toi, de qui la voix me vient interroger,
Jeune homme, tu n'es pas ce que tu parais être :
Cet obscur vêtement te déguise.

EYMERI.

Peut-être.

LA BÉGUINE.

Qui donc es-tu? Réponds.

EYMERI.

Hélas! je suis banni !

LA BÉGUINE.

Dis-moi quel fut ton crime et qui t'en a puni.

EYMERI.

Le prince.

LA BÉGUINE.

Qu'as-tu fait pour mériter sa haine?
Réponds.

EYMERI.

Auprès de lui j'ai défendu la reine.

LA BÉGUINE.

Dans ce palais, mon fils, qui peut te rappeler ?

EYMERI.

J'ai voulu la revoir avant de m'exiler.
Dans une heure je fuis les lieux de ma naissance,
Et je veux emporter du bonheur pour l'absence !
Oh ! si son doux aspect avait frappé vos yeux
Alors que du Brabant arrivée en ces lieux
Elle vint de mon roi consoler le veuvage,
Et des heureux qu'il fait réclamer le partage !
Un jour nouveau sembla se lever sur la cour :
Son seul regard appelle et commande l'amour ;
Des plus rares vertus adorable mélange,
Tantôt c'est une reine et tantôt c'est un ange !
A ses nobles devoirs ajoutant des plaisirs,
Le savoir vient charmer ses innocents loisirs :
Elle ouvre son palais, studieuse retraite,
Aux travaux du docteur comme aux chants du poète :
Ils accourent : chacun tremble en la consultant ;
Son suffrage est la gloire, et même l'on prétend
Que, du gai ménestrel secondant le délire,
Parfois la main royale a fait vibrer sa lyre.
Souvent, de la nature épiant les secrets,
Elle aime à parcourir les champs et les forêts ;
Ses soins ont embelli les bosquets de Vincenne ;
Etonnés de fleurir aux rives de la Seine,
Les arbustes ravis à des climats divers

De parfums inconnus ont embaumé les airs :
Et, s'élevant unis près des fleurs qu'elle arrose,
Le beau laurier paré des couleurs de la rose,
Le pâle accacia, l'aloës, l'oranger,
Etendent sur son front leur ombrage étranger.
Ah! pourquoi, de la lice écartant ma vaillance,
N'ai-je pu sous ses yeux faire briller ma lance !
Peut-être d'un laurier parant mon front vainqueur...

LA BÉGUINE.

Jeune homme, quels transports s'emparent de ton cœur!

EYMERI.

Ce que j'éprouve, hélas ! je l'ignore moi-même !
Sans doute sous ses traits c'est la vertu que j'aime;
Je le crois, je l'espère! A sa vue enivré,
Heureux de respirer l'air qu'elle a respiré,
Dans une pure extase, à ce culte fidèle,
Je sais du moins, je sais que je mourrais pour elle.

UN PAYSAN, dans la foule.

Ecoutez! écoutez! le tournoi va finir ;
On nomme le vainqueur; la reine va venir.

REYNOLD.

Silence! Ecartez-vous. Faut-il le dire encore ?

LE PAYSAN.

Déjà le ménestrel accorde sa mandore ;
Les fêtes et les jeux vont commencer ici.

UN OFFICIER DU PALAIS.

Que l'on s'éloigne ! archers, le roi l'ordonne ainsi.

REYNOLD, aux paysans.

Vous l'entendez? Allons, il faut qu'on se retire.

EYMERI.

Que vois-je? quel effroi dans ses yeux se fait lire !
Elle semble plongée en un sombre transport ,
Frémir au bruit des chants.

LA BÉGUINE.

Des fêtes... et la mort !

2e ARCHER , s'approchant d'elle.

Que faites-vous ici? Vous restez immobile !
Allons , réveillez-vous! Dehors , vieille sibylle.

A Eymeri.

Et vous, beau chevalier, il faut nous dire adieu ,
Car vous ne voulez pas qu'on vous voie en ce lieu?

EYMERI.

Je suis connu ! sortons !

A la béguine.

Suivez-moi , sainte femme.

Quelque malheur peut-être aujourd'hui vous réclame.
Votre cœur est troublé ! Reposez-vous sur moi :
Je serai votre guide, et vous verrez le roi.

SCÈNE IV.

—

REYNOLD, 2.e ARCHER, Soldats dans le fond.

REYNOLD.

Oui, je te le répète, un danger nous menace.
Crois-moi, de ce palais c'est en vain qu'on la chasse :
Pour prédire un malheur elle y reparaîtra ;
Et l'arrêt prononcé bientôt s'accomplira.

2e ARCHER.

Chasse les visions qui troublent ta cervelle,
Reynold, et laisse là ta folle de Nivelle.

———

SCÈNE V.

—

LUXEUIL, LANDRY.

LUXEUIL.

Aux archers.

Retirez-vous! Landry, je t'avais défendu
De me chercher ici.

LANDRY.

Bon! l'on me croit pendu!
Qui me reconnaîtrait ? Vous n'avez rien à craindre.

LUXEUIL.

Il fallait obéir.

LANDRY.

C'est à moi de me plaindre.
Vous qui m'associez aux intrigues des cours,
Vous semblez aujourd'hui rougir de mes secours :
C'est mal !

LUXEUIL.

Que me veux-tu ?

LANDRY.

Je suis las, je l'avoue,
De voir que vous, Luxeuil, à qui je me dévoue,
Dans un état honteux vous me laissiez vieillir;
Moi qui, né votre égal, aurais dû recueillir
Les fruits de ces travaux entrepris pour vous plaire.

LUXEUIL.

T'ai-je de tes efforts refusé le salaire ?

LANDRY.

Non; mais, enfin, dussé-je offenser votre orgueil,
Jadis vous n'étiez pas haut baron de Luxeuil !
Quand nous sommes tous deux partis pour la croisade,
Labrosse, il m'en souvient, était mon camarade;
Nommé barbier du roi, son esprit, ses talents,
L'eurent bientôt conduit à des postes brillants.
Aux pieds du parvenu, la cour obéissante
Honore en murmurant sa noblesse récente.
Moi, dans un humble état il m'a fallu rester.

Au plus haut rang de loin je vous ai vu monter.
Ancien soldat, la paix m'a laissé sans ressource:
Mon noble compagnon veut bien m'ouvrir sa bourse.
J'ai su me rendre utile à ses desseins secrets :
Chef des aventuriers, au milieu des forêts,
Je trouvais des plaisirs dans mon indépendance.
Mais je vieillis; je veux, écoutant la prudence,
Abandonner enfin un métier périlleux.
J'ai conçu, grâce à vous, un espoir orgueilleux :
Votre haute fortune excite mon envie.
Moi qui dans les hasards passai toute ma vie,
Puis-je être désormais laboureur, artisan ?
Non : il faut à mon tour que je sois courtisan;
Et s'il ne me survient quelque accident sinistre,
Peut-être, comme vous, je deviendrai ministre.

LUXEUIL.

Insensé! qu'as-tu dit ? Oses-tu m'envier?

LANDRY.

Luxeuil, après le roi, n'est-il pas le premier?

LUXEUIL.

Suis-je même l'égal de ces grands qui me craignent?
Ils viennent me flatter.... Eh bien! ils me dédaignent.
Je lis dans leurs regards, et leur cœur m'est connu;
Pour eux, je ne serai jamais qu'un parvenu !
Même en me caressant leur orgueil me ravale;
Rien ne peut entre nous effacer l'intervalle.
Mon pouvoir près du roi te paraît assuré,

Tout contre ce pouvoir n'est-il pas conjuré?
Hauts barons, courtisans, et la reine elle-même?

LANDRY.

Je sais qu'elle vous hait.

LUXEUIL.

          Philippe est faible, il l'aime!
Mon sort est de haïr, et de trembler toujours!

LANDRY.

Oui, d'un ambitieux voilà bien les discours!
Au comble de ses vœux, il repousse les nôtres :
Il médit des grandeurs pour dégoûter les autres.

LUXEUIL.

Non! et si l'on savait ce qu'il faut les payer,
Ces fragiles honneurs!.....

LANDRY.

          J'en voudrais essayer.

LUXEUIL.

De ces tourments secrets qui m'assiégent sans cesse
Mon fils me consolait du moins par sa tendresse:
Eh bien, de sa présence on prive mon amour!
Exilé par le prince, il a dû fuir la cour,
Et moi je dois sourire alors qu'on nous sépare!...
Un grand événement peut-être se prépare!
A tes efforts, Landry, je peux avoir recours.
Tu n'as point oublié que j'ai sauvé tes jours;
En tous lieux, grâce à moi, tu parais sans rien craindre.
Et tu braves les lois qui te pouvaient atteindre:

Tu rempliras, Landry, mes vœux et mon espoir.
La reine à la magie emprunte son pouvoir :
De coupables secrets instruite dès l'enfance,
Elle a souvent des clercs confondu la science :
On doit s'en défier, et craindre ses bienfaits.
Peut-être elle s'apprête à quelques grands forfaits;
Il est bon que le peuple en soit instruit.

LANDRY.

Sans doute.

Je vous comprends, Luxeuil : il faut qu'on la redoute,
Surtout qu'on la déteste. Eh bien ! de tous côtés
Répétant les discours que vous m'avez dictés,
A vos desseins déjà j'ai préparé la voie.

LUXEUIL.

Va redoubler d'efforts.

LANDRY.

Quoi ! Luxeuil me renvoie !
Vous ne voulez donc pas m'introduire à la cour?

LUXEUIL.

Tais-toi ! j'entends du bruit. A la chute du jour,
Demain, je te verrai dans cette hôtellerie,
D'où l'œil découvre au loin le bois et la prairie.

LANDRY.

Allons, pour mes projets je dois attendre encor.
J'y serai ! mais au moins apportez-y de l'or.

Il sort.

LUXEUIL, seul.

Il faut que de ses soins dans peu je me délivre :
L'insolent me perdrait si je le laissais vivre.

SCÈNE VI.

DE NESLE, LUXEUIL, SAINT-POL, SEIGNEURS, ARCHERS.

LUXEUIL.

Eh bien ! nobles seigneurs, juges du camp, parlez :
Êtes-vous satisfaits?

DE NESLE.

Tous nos vœux sont comblés,
Et jamais jusqu'ici les chevaliers de France
Dans un plus beau tournoi n'ont essayé leur lance.

LUXEUIL.

Nous entendrons bientôt le chant des ménestrels.

SAINT-POL.

Ce jour doit mettre fin à des chagrins cruels.
Ministre tout-puissant, vous voyez avec peine
Votre fils exilé des remparts de Vincenne :
Mais l'exil va cesser.

LUXEUIL.

Je l'espère.

2.

SAINT-POL.
Aujourd'hui
Le prince daignera se souvenir de lui;
Et, puisque avec la reine il se réconcilie,
Il va le rappeler.

LUXEUIL.
J'attends, et je supplie.

SAINT-POL.
Au banquet du matin, grâce à vos longs efforts,
Un serment a scellé l'oubli de leurs discords;
Et si vous désiriez qu'une voix tutélaire,
Au cœur du jeune prince éteignant la colère,
Implorât le pardon du vaillant Eymeri,
Commandez, je suis prêt.

DE NESLE.
Le prince fut aigri.
Mais moi qui, des vieux temps lui redisant l'histoire,
Des hauts faits de nos preux enrichis sa mémoire,
J'ai sur ses volontés gagné quelque crédit :
Ne le ménagez pas.

LUXEUIL.
Je demeure interdit !
Vous daignez compâtir aux chagrins que j'éprouve !

DE NESLE.
Parmi vos défenseurs sans cesse on me retrouve.

LUXEUIL.
Ah ! messire....

SAINT-POL.

Saint-Pol vous doit être connu.

LUXEUIL, à part.

Ambitieux flatteurs !

SAINT-POL, à part.

Insolent parvenu !

DE NESLE, à part.

Qui nous affranchira de son pouvoir sinistre !

SAINT-POL, à part.

Jadis barbier du roi !... maintenant son ministre !

DE NESLE, à part.

La reine le méprise.

SAINT-POL, à part.

Enfin s'il succombait !

LUXEUIL, à part.

Tous deux me voudraient voir attacher au gibet.

DE NESLE.

J'honore vos vertus plus que votre puissance.

LUXEUIL.

Et vous pouvez compter sur ma reconnaissance.
Mais le roi vient.

SCÈNE VII.

—

DE NESLE, SAINT-POL, LUXEUIL, LOUIS, PHILIPPE, MARIE, SEIGNEURS ET DAMES DE LA COUR, PAGES, VARLETS, MÉNESTRELS, ARCHERS.

PHILIPPE.

Allez ! Aux portes du palais
Au peuple rassemblé prodiguez mes bienfaits ;
Je veux de ce beau jour qu'il garde la mémoire.
  A Marie.
Reine, vous dont les mains ont consacré la gloire
Du noble chevalier qui, fier de son bonheur,
Montre son front paré du *chapelet d'honneur*,
D'un jour heureux pour nous enfin l'aurore brille !
Quelques débats naguère ont troublé ma famille ;
Mais ils sont oubliés. Oui, c'en est fait, mon fils,
De l'amour paternel écoutant les avis,
Va rougir désormais de son injuste haine,
Et chérir mon épouse en respectant la reine.
MARIE.
Long-temps, vous le savez, j'ai nourri cet espoir :
Ce matin à ma table il est venu s'asseoir ;
Que des chagrins passés l'avenir nous console !

Vous l'avez juré, prince, et j'ai votre parole.
Hélas ! en vous voyant par la haine égaré,
Près du berceau d'un fils bien souvent j'ai pleuré !
Pour vous Marie enfin n'est plus une étrangère;
Mon cœur est satisfait, et je suis deux fois mère.

LOUIS.

Oui, reine, pour jamais j'abjure à vos genoux
Une colère injuste et des dépits jaloux.
Ma mère, hélas ! n'est plus, et mon âme craintive
Repoussait de vos soins la tendresse adoptive :
J'osai vous offenser.

MARIE.
Je ne m'en souviens pas !

PHILIPPE.

Mon fils, dans les chemins qui s'ouvrent à vos pas,
De votre saint aïeul conservez la mémoire;
Que le bonheur du peuple à vos yeux soit la gloire !
Vous partagez, mon fils, des honneurs périlleux ;
Mais mon père sur vous veille du haut des cieux !
Le destin vous appelle à gouverner la France :
Aux longs travaux des rois exercez-vous d'avance;
Que le présent réponde aux vœux de l'avenir !
Courbez-vous ; par mes mains le Ciel va vous bénir.
Louis s'incline.

O toi dont le saint nom retentit dans nos temples,
Mon père, à cet enfant tu léguas tes exemples !
Auprès du Dieu vivant daigne être son appui,

Et qu'un jour les Français te retrouvent en lui !

Louis se relève.

Luxeuil, aux prisonniers annoncez ma clémence :
Qu'on ouvre le palais, que la fête commence,
Et que du ménestrel les naïves tensons
Des vieux temps à nos preux redisent les leçons.
A ma droite, mon fils, prenez place.

Philippe s'assied sur l'estrade.

Qu'entends-je !

Archers, pourquoi ces cris ? d'où vient ce bruit étrange ?

REYNOLD.

En arrière !

1er PAYSAN.

Fuyons ! la voilà !

LA BÉGUINE.

Laissez-moi !

REYNOLD.

Vous n'avancerez pas.

LA BÉGUINE.

Je veux parler au roi.

PHILIPPE.

Qu'ai-je vu ?

SAINT-POL, à de Nesle.

Juste Dieu ! la voyez-vous ? c'est elle !

SCÈNE VIII.

—

LES MÊMES, LA BÉGUINE DE NIVELLE.

LA BÉGUINE.

Oui, Philippe, c'est moi !

PHILIPPE.

Que veux-tu ? qui t'appelle ?

LA BÉGUINE.

Suspendez vos concerts, éteignez ces flambeaux ;
Que vos chants fassent place à l'hymne des tombeaux !
Sous la cendre bientôt vous courberez vos têtes ;
L'ange de mort est là, qui préside à vos fêtes.

LUXEUIL, à part.

Que dit-elle ?

MARIE.

Mon cœur se serre.

PHILIPPE.

Je frémis.

LA BÉGUINE.

Philippe, en me voyant souviens-toi de Tunis !
C'est moi qui sur ces bords, par le Ciel éclairée,
Ai prédit aux chrétiens une autre Césarée :

C'est moi qui, du saint roi marquant le dernier jour,
Ai défendu l'espoir à ton pieux amour ;
Et je viens, du Très-Haut fatale messagère,
Troubler de vos plaisirs l'ivresse mensongère.
A vos concerts joyeux va succéder le deuil.
Insensés ! vous chantiez à côté d'un cercueil !
Gardez-vous d'accuser mes discours de mensonge.
Ecoutez : Dès long-temps Dieu me montrait en songe
Des malheurs, des dangers qui menaçaient le roi ;
Je cherchais vainement à chasser mon effroi !...
Je quitte ma retraite, et j'arrive à Vincenne.
J'attendais le moment de parler à la reine,
Et je priais pour vous... Des pages, des varlets
Aux pauvres rassemblés dans la cour du palais
D'un festin somptueux distribuaient les restes...
Tout à coup un vieillard, poussant des cris funestes,
Loin de ses compagnons devant moi vient tomber ;
A d'horribles douleurs il semblait succomber.
Je regarde, et mes yeux sur son pâle visage
Ont d'un poison subtil distingué le ravage.

PHILIPPE.

Qu'entends-je ?

LA BÉGUINE.

A ce banquet siégea la trahison.
Quelqu'un ici bientôt mourra par le poison.

LUXEUIL.

L'ivresse d'un vieillard vous abusa peut-être.

LA BÉGUINE.

De ses pressentiments mon cœur n'était pas maître ;
Ils sont justifiés !... Oui, le crime est commis !...

PHILIPPE.

Qui doit périr ?

LA BÉGUINE.

Attends.

Elle promène ses regards sur tous les assistants.

PHILIPPE.

Réponds-moi.

LA BÉGUINE.

C'est ton fils !

PHILIPPE.

Qu'as-tu dit !... Porte ailleurs ta fatale démence !
Mon fils vivra.

LA BÉGUINE.

Pour lui l'éternité commence !

PHILIPPE.

Ce jour confie un sceptre à sa jeune valeur.
Il vivra pour régner.

LA BÉGUINE.

Regarde sa pâleur.

PHILIPPE.

Grand dieu !

MARIE.

Louis !

LOUIS.

Mon sang dans mes veines se glace ,

Mon regard s'obscurcit, à mes yeux tout s'efface :
Elle a dit vrai, je meurs !

MARIE.

Du secours, du secours !
Il en est temps encor, nous sauverons ses jours.

LOUIS.

Non ! La clarté me fuit, la force m'abandonne !...
Ma mort... à votre fils assure la couronne !...

MARIE.

Ciel !

LOUIS.

D'un nuage épais je suis environné,
Mon père !

PHILIPPE.

Tu mourrais, mon fils !

LA BÉGUINE.

Empoisonné !

LUXEUIL.

Quoi ! d'un complot affreux le prince est-il victime ?

PHILIPPE.

Qui peut-on, dans ma cour, soupçonner d'un tel crime ?

LA BÉGUINE.

Je ne sais.

LUXEUIL, à part.

C'en est fait, la mort est sur son front.
Je ne me flattais pas d'un succès aussi prompt.

DE NESLE, à demi-voix.

Saint-Pol.

SAINT-POL.

Eh bien ?

DE NESLE, à demi-voix.

Meurt-il immolé par la haine ?

SAINT-POL, à demi-voix.

Peut-être !

LUXEUIL, s'approchant d'eux.

Gardez-vous de soupçonner la reine ?

On s'empresse autour de Louis, qui expire sur les marches de l'estrade. Signes de désespoir de toute l'assemblée. La toile tombe.

FIN DU PREMIER ACTE.

ACTE II.

Le théâtre représente la même décoration qu'au premier acte,
moins l'estrade et le trône, qui ont été enlevés.

SCÈNE Ire.

—

LA BÉGUINE DE NIVELLE, sur un des côtés du
théâtre, appuyée sur un fauteuil.

Toi qui daigne parfois des destins de ce monde
Éclaircir à mes yeux l'obscurité profonde,
Pourquoi de l'avenir, au sein de ces remparts,
N'as-tu que soulevé le voile à mes regards !
Tu m'as montré le crime !... achève ton ouvrage !
Apprends-moi qui versa l'homicide breuvage ;
Qu'au front du criminel je lise ses forfaits !

SCÈNE II.

LA BÉGUINE, Foule de paysans.

1ᵉʳ PAYSAN.

Non, non, je ne veux point accepter ses bienfaits :
Ils porteraient malheur à toute ma famille.

2ᵉ PAYSAN.

Naguère elle a promis une dot à ma fille :
Je n'en veux plus !

Ils sortent

MARIE, entrant.

Que vois-je ! en ce fatal séjour
Un morne effroi succède aux doux transports d'amour;
On se détourne, on craint jusqu'à ma bienfaisance,
Et l'indigent lui-même évite ma présence.
Les malheureux naguère accouraient sur mes pas :
D'où vient ce changement que je ne comprends pas ?
Qu'ai-je fait ? Aujourd'hui, quel effroi les arrête ?

S'adressant à la béguine.

Des volontés de Dieu vénérable interprète,
O vous dont les regards lisent dans l'avenir,
Parlez ! Pourquoi ce Dieu semble-t-il me punir ?
Expiant aujourd'hui sa faveur passagère,
Loin des bras d'un époux, dans ma cour étrangère,

Je gémis sur un trône entouré de malheurs :
Ce peuple qui , jadis m'apportant ses douleurs ,
Dans mes soins consolants semblait trouver des charmes,
Me nomme encor sa reine et me cache ses larmes !
Chacun semble me fuir : je m'étonne, et mes yeux
Pour trouver un appui se tournent vers les cieux.
Là , du moins , le mortel , vaincu par la souffrance ,
Près de chaque douleur rencontre une espérance.
Mes beaux jours pour jamais sont-ils évanouis ?
Qui put me les ravir ?

LA BÉGUINE.

Le trépas de Louis.

MARIE.

Long-temps il écouta les conseils de l'envie ,
Et son injuste haine empoisonna ma vie ;
Mais enfin , le jour même où je l'ai vu périr ,
A d'autres sentiments son cœur parut s'ouvrir ;
Sa haine s'éteignait ! j'espérais !... il succombe !

LA BÉGUINE.

Sa haine lui survit et veille sur sa tombe.

MARIE.

Mes regrets douloureux ont accueilli sa mort.

LA BÉGUINE.

Quelquefois les regrets passent pour le remord.

MARIE.

Le remord ! Ciel ! qu'entends-je ? et quel est ce langage ?
Le remord !

3

LA BÉGUINE.

Ton époux t'en dira davantage.
Malheureuse, il approche!

MARIE.

Achevez!

LA BÉGUINE.

Laisse-moi;
Des marches de l'autel je veillerai sur toi.
Que ton cœur se prépare aux chagrins.

Elle sort.

SCÈNE III.

MARIE, seule.

Que dit-elle?
Elle me laisse en proie à ma douleur mortelle!
Je frémis!... Des remords!... moi!...

SCÈNE IV.

—

MARIE, PHILIPPE

MARIE, au roi, qui entre.
Philippe.

PHILIPPE.

Ah ! c'est vous !

Qu'attendez-vous ici ?

MARIE.

J'attendais mon époux.

PHILIPPE.

Votre époux !

MARIE.

Loin de lui j'ai dévoré mes larmes;
C'est à lui d'apaiser mes secrètes alarmes.
Parlez! pourquoi me fuir? qu'ai-je à craindre? et pourquoi
Tout, jusqu'à votre cœur, a-t-il changé pour moi?

PHILIPPE.

Vous me le demandez?

MARIE.

C'est trop long-temps vous taire.

PHILIPPE.

Eh quoi! mes maux pour vous sont-ils donc un mystère?

3.

MARIE.

Mais en les partageant je les puis alléger.
Vous pleurez votre fils ?

PHILIPPE.

Non , je veux le venger

MARIE.

Eh bien !

PHILIPPE.

Vous le savez, il est mort par un crime.

MARIE.

On le dit : mais quel bras fit périr la victime ?

PHILIPPE.

Je ne sais.

MARIE.

Vos regards se détournent de moi !

PHILIPPE.

Premier né de Philippe , il devait être roi !

MARIE.

Sans doute.

PHILIPPE.

Il est tombé sur les marches du trône.
Au moment où son front essayait la couronne.

MARIE.

Témoin de son trépas , mon cœur en a gémi.

PHILIPPE.

Le ciel en le frappant frappait votre ennemi.

MARIE.

Non , il ne l'était plus ! j'avais vaincu sa haine;

L'ignorez-vous?

PHILIPPE.

Je sais qu'invité par la reine,
Le jour même où la mort a tranché son destin,
Mon fils, seul avec elle au banquet du matin ,
Goûtant près du cercueil un bonheur éphémère,
Dans mon épouse enfin crut trouver une mère.

MARIE.

Oui , j'eusse été sa mère ! et mes soins empressés...

PHILIPPE.

Pourquoi donc est-il mort?

MARIE.

Grand Dieu !

PHILIPPE.

Vous pâlissez !

MARIE.

O ciel ! il se pourrait !... Oui , ce seul mot m'éclaire ;
Le voilà révélé cet horrible mystère !
Malheureuse ! c'est moi qu'on soupçonne !... Je meurs !
Elle tombe évanouie.

PHILIPPE.

Qu'ai-je fait? Egaré par d'injustes rumeurs,
J'osai l'accuser. Non ! non ! tu n'es pas coupable !
D'un si lâche attentat Marie est incapable !
Ecoute !... Sur ses traits mornes et sans couleur
Il semble que la mort ait fixé la douleur.
Ici, pages, varlets , suivantes de la reine ,

Venez, rendez la vie à votre souveraine ;
Prodiguez-lui vos soins, prenez pitié de moi !

Des femmes, des pages entrent, et donnent des soins à la reine.

Ne vois plus dans Philippe un père, un juge, un roi ;
Ne vois que ton époux... Oh ! reviens à la vie !
Mes injustes soupçons en vain t'ont poursuivie.
Pardonne, chère épouse, à mon cœur égaré !
On m'a privé d'un fils, mais tes yeux l'ont pleuré.
Oh ! renais au bonheur ! Que je te voie encore
Sourire à ton époux, à l'époux qui t'adore !
Va, je n'en croirai plus que toi, que mon amour !
Mais que vois-je ! Ses yeux se sont rouverts au jour !...

MARIE.

Où suis-je ? Un songe affreux a pesé sur mon âme !
Ne m'accusait-il pas ? Oui, d'un soupçon infâme,
Le cruel... il osait... L'horrible songe a fui !
Que dis-je, le voilà ! C'est Philippe, c'est lui !
Il demande son fils ! Malheureuse, j'expire !

PHILIPPE.

Que ma voix te rassure et calme ce délire !
Vois mes pleurs, mes remords !.. Dans mon cœur éperdu
L'amour, l'amour l'emporte, et tu n'as rien perdu !

MARIE.

Qu'entends-je ! vos soupçons....

PHILIPPE.

Ecartes-en l'image !

C'est toi de qui l'amour consola mon veuvage,

Toi seule m'embellis le présent, l'avenir!
C'est ma seule pensée et mon seul souvenir!

UN OFFICIER.

Sire, votre ministre en ces lieux se présente.

PHILIPPE.

Qu'il entre.

SCÈNE V.

MARIE, PHILIPPE, LUXEUIL.

PHILIPPE.

Eh bien, Luxeuil, la reine est innocente!
Viens, tombe à ses genoux! Oui, l'on m'avait trompé!
J'ai vu mourir mon fils, mais Dieu seul l'a frappé.
De ma fatale erreur périsse la mémoire!
Oui, Dieu seul a tout fait.

LUXEUIL.

Que ne puis-je le croire!

PHILIPPE.

Que veux-tu dire?

MARIE.

O ciel!

LUXEUIL.

Ah ! sire , pardonnez !

PHILIPPE.

Achève.

LUXEUIL.

Comme moi , vos barons consternés ,
Mais d'un meurtre odieux repoussant l'apparence ,
De bannir vos soupçons accueillaient l'espérance ;
A vos ordres soumis, ils ont porté leurs pas
Dans la funèbre enceinte où règne le trépas ;
C'en est fait : plus d'espoir , la royale victime
Du fond de son tombeau vient dénoncer le crime.

PHILIPPE.

Qu'as-tu dit ?

LUXEUIL.

A ma voix amenés en ces lieux ,
Les restes de Louis vont s'offrir à vos yeux.
Les voici.

Entrent Saint-Pol , de Nesle , une foule de seigneurs , et le corps
de Louis porté sur un brancard.

SCÈNE VI.

MARIE, PHILIPPE, LUXEUIL, SAINT-POL, DE NESLE, Seigneurs, le corps de Louis.

LUXEUIL.

Sur ce front et sur ce corps livide
La main d'un Dieu vengeur grava le parricide.
Regardez.

PHILIPPE.

O mon fils !

MARIE.

Mon Dieu, protége-moi !

PHILIPPE.

Auprès de ce cercueil, d'où vous vient cet effroi ?
Luxeuil, et vous, témoins de mon sort déplorable,
Vous m'offrez la victime : où donc est le coupable ?
Tout se tait ! Craignez-vous de prononcer son nom ?
Qui m'arracha mon fils ? qui versa le poison ?
Parlez ; prenez pitié de ma douleur profonde.

LUXEUIL.

Jadis le même crime a servi Frédégonde.

PHILIPPE.

Je t'entends.

MARIE.

Arrêtez!... Misérable imposteur.
Qui fixes sur la reine un œil accusateur,
Du crime et du mensonge exécrable interprète,
Réponds : as-tu pensé que ma terreur muette,
Subissant plus long-temps tes perfides discours,
Sous le poids des soupçons tomberait sans secours?

LUXEUIL.

Je me tais. Le respect qu'on doit au diadème...

MARIE.

Parle donc : de mon front je l'arrache moi-même.
Parle : je ne suis plus l'épouse de ton roi :
Une femme accusée est debout devant toi.
La voilà sans bandeau, sans sceptre, sans puissance :
Son seul appui, c'est Dieu ; ses armes, l'innocence.

PHILIPPE.

Que faites-vous ?

MARIE.

Eh bien ! que tardes-tu, Luxeuil?
De mon rang devant toi j'ai dépouillé l'orgueil :
J'ai reconnu les droits que ta fureur s'arroge.
Réponds-moi maintenant : c'est moi qui t'interroge.
D'un meurtre abominable on me soupçonne ici.
Mais où sont les témoins, les preuves?

LUXEUIL, montrant les barons et le cadavre.

Les voici.

PHILIPPE.

Comment?

LUXEUIL.

Nobles barons, que votre voix austère,
Du plus grand des forfaits dévoilant le mystère,
Confonde la coupable, et réponde pour moi.
Vous avez à venger le fils de votre roi.
Dites dans quel moment fut consommé le crime.

SAINT-POL.

Au banquet que la reine offrit à la victime.

MARIE.

Grand Dieu!

PHILIPPE.

Qui te l'a dit?

SAINT-POL.

La coupe où sans remord
Une main criminelle avait versé la mort.

PHILIPPE.

Est-il vrai?

DE NESLE.

Sous nos yeux, dans le vase perfide,
L'art vient d'interroger le breuvage homicide.
Ce laurier que la rose embellit de son nom
Dans sa feuille embaumée enferme le poison :
Cet arbre, avec amour cultivé par la reine,
De ses sucs dévorants avait armé sa haine :
Dans le sein de Louis le poison a coulé.

PHILIPPE.

Malheureux ! qu'en sais-tu ?

SAINT-POL.

Le cadavre a parlé :
Les traces qu'y laissa le funeste breuvage
Mêlent à notre voix leur muet témoignage.

On emporte le brancard sur lequel est le cadavre.

MARIE.

Je succombe !

PHILIPPE.

Cruels ! fuyez mon désespoir !

LUXEUIL.

Nous avons en tremblant rempli notre devoir.
Sire, de vos douleurs je gémis plus qu'un autre;
Mais l'intérêt d'un fils, sa haine pour le vôtre,
Ce banquet, ce poison chez elle retrouvé,
Tout accuse la reine ! Un grand meurtre est prouvé;
Le peuple en est instruit, vos barons le dénoncent :
Que la reine réponde, et que les lois prononcent.
Craignant pour notre roi quelque nouveau danger,
Armés pour sa défense et prompts à le venger,
Nous devions, révélant le plus affreux des crimes,
Déposer à vos pieds nos soupçons unanimes;
Sire, nous l'avons fait.

MARIE.

Philippe !

PHILIPPE.

Je vous fuis.

MARIE.

Philippe, écoutez-moi !

PHILIPPE.

Dans le trouble où je suis
Je ne puis vous juger, je ne puis vous entendre.
On vous accuse : adieu ! songez à vous défendre.

SCÈNE VII.

—

MARIE, LUXEUIL, SAINT-POL., DE NESLE.
SEIGNEURS.

MARIE.

O ciel ! et voilà donc le prix de la vertu ?

LUXEUIL.

Pardonnez si ma voix....

MARIE.

Lâche, que me veux-tu ?
Peut-être tu nourris une espérance vaine :
Jusque là souviens-toi que je suis toujours reine.

SCÈNE VIII.

SAINT-POL, DE NESLE, LUXEUIL, Seigneurs.

LUXEUIL.

Je la plains ; mais comment douter de son forfait ?

SAINT-POL.

Quel autre en pourrait-on soupçonner en effet ?

LUXEUIL.

Bientôt la cour des pairs vengera la victime :
Elle seule a le droit de juger un tel crime.
Messire de Saint-Pol, vous la présiderez.

SAINT-POL.

Qui ? moi !

LUXEUIL.

Vous. Près du roi dans peu vous vous rendrez :
C'est un devoir cruel, sans doute ; mais je pense
Que vous en recevrez un jour la récompense.

SCÈNE IX.

—

SAINT-POL, DE NESLE.

SAINT-POL.

De Nesle, tout l'accuse ; elle doit succomber.

DE NESLE.

A la rigueur des lois qui peut la dérober ?

SAINT-POL.

Elle était de Luxeuil la secrète ennemie :
Il triomphe.

DE NESLE.

Voilà sa puissance affermie.

SAINT-POL.

De toutes les faveurs lui seul va disposer.

DE NESLE.

D'un orgueil tyrannique on osait l'accuser :
C'est à tort ; je l'estime.

SAINT-POL.

Et moi, je le révère.

DE NESLE.

Quelquefois envers lui la cour fut bien sévère.
C'est un ministre habile.

SAINT-POL.

Il m'attend chez le roi.

DE NESLE.

Dites-lui bien, Saint-Pol, qu'il peut compter sur moi.

FIN DU DEUXIÈME ACTE.

ACTE III.

Le théâtre représente une hôtellerie des environs de Vincennes.

SCÈNE Ire.

LANDRY, Paysans occupés à boire.

LANDRY, sur le devant du théâtre.
Tout va bien ! désormais j'ai levé les scrupules,
Et mes adroits récits à ces hommes crédules
De la reine accusée ont prouvé le forfait.
Marie a-t-elle pu le commettre en effet ?
Que m'importe ? est-ce à moi de sonder ce mystère !
Je dois servir Luxeuil , m'enrichir et me taire.
A la chute du jour je dois l'attendre ici.
Qu'il vienne : jusque là ses vœux ont réussi;
Mais prévoyons sa chute , et , bravant sa colère ,
De mes soins à l'instant exigeons le salaire.
Qu'ai-je aperçu ? quel est ce jeune chevalier ,

Aux armes sans éclat, au simple bouclier?
D'où vient-il? Son cheval est couvert de poussière.
Il descend, il franchit la porte hospitalière,
Qui promet aux passants bon gîte et doux repos.
Aurait-il, par hasard, déserté ses drapeaux?
Observons!

Il va se mêler à la foule, disparaît et reparaît de temps en temps.

SCÈNE II.

LES MÊMES, EYMERI, RICHARD.

EYMERI.

Oui, Richard, il faut, quoi qu'il m'en coûte,
M'arrêter; mais bientôt je poursuivrai ma route.
Prends soin de mon cheval: quand nous pourrons partir,
En ce lieu, sans délai, tu viendras m'avertir.

Richard s'éloigne.

SCÈNE III.

—

EYMERI, Paysans.

EYMERI, à lui-même, sur le devant du théâtre.
Il est donc vrai, Louis, mon compagnon, mon maître.
Il n'est plus!... En mourant il m'a cherché peut-être!...
Quoi! lorsque cette femme, en son fatal transport,
Du milieu de nos jeux voyait sortir la mort.
Elle n'exprimait point une menace vaine !
Louis était heureux quand j'ai quitté Vincenne:
De la main paternelle il allait recevoir
Les emblèmes sacrés de son futur pouvoir:
Et la mort a frappé l'espoir de la patrie !

UN PAYSAN.

Ecoutez-moi !

2ᵉ PAYSAN.

Non !

1ᵉʳ PAYSAN.

Oui ! c'est la reine Marie !

Tout l'atteste.

EYMERI, écoutant.

Qu'entends-je ?

1ᵉʳ PAYSAN.

Oui, le crime est certain;
On versa le poison au milieu d'un festin.
Quelque temps la coupable est restée inconnue.
Des savants, des docteurs enfin l'ont confondue.
Voilà ce qu'on affirme, et c'est la vérité:
Devant moi ce matin le pasteur l'a conté.

2ᵉ PAYSAN.

Ce n'est pas tout ! On dit que, par des sortiléges
Préparant son forfait, dans ses mains sacriléges
Elle agitait, la nuit, de magiques flambeaux,
Et murmurait tout bas, et parlait aux tombeaux.
Au pouvoir de l'enfer on dit qu'elle est soumise,
Et qu'elle pâlissait en entrant dans l'église.

1ᵉʳ PAYSAN.

Dieu puissant !

2ᵉ PAYSAN.

Et pourtant avant ce meurtre affreux
On disait que, sensible au sort des malheureux,
Elle allait de ses dons secourir l'indigence.
Qui put lui conseiller ce forfait !

1ᵉʳ PAYSAN.

La vengeance,
L'ambition, l'espoir de donner à son fils
Le rang que sa naissance assurait à Louis.

2ᵉ PAYSAN.

Si l'on prouve le crime, elle meurt dans la flamme.

1er PAYSAN.

Sans doute.

2e PAYSAN.

Que le Ciel ait pitié de son âme!

1er PAYSAN.

Peut-être ses amis adouciront la loi.

2e PAYSAN.

Périsse la coupable, et Dieu sauve le roi !

EYMERI.

O ciel ! à tant d'horreurs aurais-je dû m'attendre?
Et j'ai pu les souffrir ! et j'ai pu les entendre!...
D'un entretien coupable interrompez le cours ,
Malheureux ; écoutez ! Un horrible discours
Vient de frapper ici mon âme épouvantée.
Je ne sais quelle fable en ces lieux inventée
D'un infâme soupçon flétrit un nom sacré ;
J'en connaîtrai l'auteur, et je le punirai !
Vous qui servez d'organe aux fureurs de la haine ,
Qu'avez-vous osé dire en parlant de la reine ?
Répondez, je le veux.

1er PAYSAN.

Nous avons répété
Ce qu'au hameau naguère on nous a raconté.
On accuse la reine, et je m'étonne encore,
Quand nous le savons tous, qu'un chevalier l'ignore.

EYMERI.

Se peut-il ?

2ᵉ PAYSAN.

Oui, le prince est mort par le poison,
Et j'en atteste ici saint Denis, mon patron!

Iᵉʳ PAYSAN.

La reine est prisonnière; elle attend qu'on la juge.

EYMERI.

Mes armes! mon cheval! il lui reste un refuge!
Mes amis, gardez-vous d'un soupçon criminel.
Je jure devant vous et devant l'Eternel
De venger l'innocence et de rompre sa chaîne!
Parfois l'erreur s'attache à la justice humaine;
La justice de Dieu va marcher sur mes pas.
Pleurez sur votre reine, et ne l'accusez pas!

Il sort.

SCÈNE IV.

—

PAYSANS.

2ᵉ PAYSAN.

Eh bien! ce chevalier l'honore et la protége!

Iᵉʳ PAYSAN.

Elle l'aura séduit par quelque sortilége.

2ᵉ PAYSAN.

Tu crois?

1er PAYSAN.

Oh! j'en suis sûr, car le crime est prouvé.

2e PAYSAN.

Ce jeune homme pourtant....

1er PAYSAN.

A l'air d'un réprouvé.

J'ai cru voir, en fixant mes yeux sur son visage,
Un signe et des regards d'un bien mauvais présage.

2e PAYSAN.

Quoi! vraiment?

1er PAYSAN.

Quel est-il? et quel nom est le sien?

2e PAYSAN.

Que sais-je?

1er PAYSAN.

Si c'était quelque magicien?

2e PAYSAN.

Grand Dieu! serait-il vrai?

1er PAYSAN.

Tout m'engage à le croire.

SCÈNE V.

—

Les Mêmes, LANDRY.

LANDRY.

Allons, mes bons amis, n'est-ce point assez boire ?
La nuit vient... Au palais demain vous rendrez-vous ?
On doit juger la reine.

1ᵉʳ PAYSAN.

Oui, nous y serons tous.

LANDRY.

Adieu.

Les paysans sortent.

SCÈNE VI.

LANDRY, LUXEUIL.

LANDRY.

La place est libre.

LUXEUIL.

Eh bien ! que vais-je apprendre ?

Parle.

LANDRY.

D'abord un fait qui pourra vous surprendre :
Votre fils Eymeri dans ces lieux a paru.

LUXEUIL.

Je le sais : sur ses pas mes archers ont couru :
On va me l'amener.

LANDRY.

Luxeuil a sur sa route
Entendu les discours de ce peuple , et sans doute
Il en est satisfait.

LUXEUIL.

Oui.

LANDRY.

Je vous l'ai prédit ;
Selon qu'on le dirige , il blâme, il applaudit.
Mes récits de la reine ont démontré le crime ;
On l'accuse aujourd'hui d'une voix unanime.

LUXEUIL.

Et quand le tribunal s'assemblera demain ,
Du palais avec toi prendront-ils le chemin ?

LANDRY.

Tous les vœux, tous les cœurs seront d'intelligence.
En la voyant passer, on s'écria : « Vengeance !
« Mort à l'empoisonneuse ! il faut la condamner ! »
Je serai là : le roi ne pourra pardonner.
Sous la haine publique il faudra qu'elle tombe.

LUXEUIL.

De l'héritier du trône elle a creusé la tombe ;
On n'en saurait douter : les preuves, les témoins,
Tout l'annonce.

LANDRY.

　　　　Avec moi que servent tant de soins ?
Marie à vos projets pouvait être funeste,
Vous voulez son trépas, que m'importe le reste ?
Écoutez : ce matin j'ai vu près de ces lieux
Ce moine Castillan qui, trompant tous les yeux,
Caché sous les dehors de son saint ministère,
De quelque grand secret semble dépositaire.
Il a reçu, dit-il, des lettres de sa cour ;
Il voudrait vous parler.

LUXEUIL.

　　　　Demain, au point du jour,
Auprès de moi, Landry, tu pourras le conduire.

LANDRY.

De vos ordres nouveaux si vous daignez m'instruire,
Je suis prêt.

LUXEUIL.

　　　　Quand le prince est mort par le poison,
On a vu dans Vincenne une femme sans nom,
Dont l'aspect a glacé tous les cœurs.

LANDRY.

　　　　Oui, sans doute !
Ce n'est pas sans raison que chacun la redoute.

SCÈNE VII.

—

LUXEUIL, seul.

De mes desseins cachés méprisable instrument,
Il me brave ! et c'est là mon premier châtiment.
Mais de son insolence écartons ma pensée.
Je vais toucher le but, et ma route est tracée.
Philippe à mes conseils s'abandonne, et pourtant
Je tremble que son cœur ne change en un instant.
L'orage peut encor s'amasser sur ma tête,
Et je dois m'assurer un port dans la tempête.
A mon appui secret la Castille a recours :
Ne lui refusons pas l'espoir de mes secours.
Landry dit vrai, je marche à côté d'un abyme.
Il vaut mieux être encor transfuge que victime !
Mais qui peut ramener Eymeri dans ces lieux ?
L'imprudent tarde bien à s'offrir à mes yeux.
Naguère il a, dit-on, reparu dans Vincenne.
Quel était son projet ?... Ah ! c'est lui qu'on amène !

SCENE VIII.

—

LUXEUIL, EYMERI, Archers, qui se tiennent dans
le fond.

LUXEUIL.

Approche !

EYMERI.

Quoi ! mon père !

LUXEUIL.

Oui, malheureux, c'est moi !
Mais réponds ! à l'arrêt prononcé contre toi
Comment, dans quel dessein as-tu pu te soustraire ?
Dans Vincenne on t'a vu mettre un pied téméraire ;
Et, quand je te croyais déjà loin de ses murs,
Tu trompais mes regards sous des habits obscurs !
Pourquoi dans le palais osas-tu reparaître ?

EYMERI.

J'hésitais à quitter les lieux qui m'ont vu naître !
Mais enfin, le jour même où, sous les yeux du roi,
La reine a couronné le vainqueur du tournoi,
Je suis parti. Fuyant le ciel de ma patrie,
J'allais porter ma lance aux champs de la Syrie ;
Et suivant au combat les chevaliers chrétiens,
A leurs nobles efforts j'allais unir les miens.

Vain projet : sur nos bords un bruit fatal m'enchaîne.
Du malheureux Louis j'apprends la mort soudaine.
On disait son trépas sans parler d'un forfait !
A ce récit affreux tout change ; c'en est fait,
Je veux, me dérobant à l'ordre qui m'exile,
Et visitant Louis dans son dernier asyle,
Verser sur son tombeau les pleurs de l'amitié.

LUXEUIL.

Lui ! qui t'avait banni.

EYMERI.

Je l'avais oublié.

LUXEUIL.

Je m'en suis souvenu.

EYMERI.

Sur les bords de la Seine

Je marchais, n'appelant, ne voyant que Vincenne :
Jugez de ma fureur, jugez de mon effroi,
Quand j'entends accuser l'épouse de mon roi.
Oui, mon père, en ces lieux l'impure calomnie
Poursuit son nom sacré d'une insulte impunie ;
On parle de complots, de bûcher, de poison :
On dit qu'en son palais, devenu sa prison,
Outragée, elle n'a d'autre appui que ses larmes !
Où sont nos chevaliers ? que font-ils de leurs armes ?
Les pleurs de l'innocence et la voix du malheur
Dans la lice sanglante appellent leur valeur !
Une reine gémit, et vous fermez l'oreille ?

De ses fers douloureux que le bruit vous réveille,
Français!.,. Mais qu'ai-je dit? Si la main des barons
Naguère m'attacha les nobles éperons,
S'ils ont armé mon bras du glaive et de la lance,
A quels lauriers plus beaux prétendrait ma vaillance!
Un vengeur a paru, reine, rassure-toi!
Ton lâche accusateur pâlira devant moi!
J'opposerai mon glaive aux forfaits qu'il espère;
Oui, je le combattrai!

LUXEUIL.

Combattras-tu ton père?

EYMERI.

Comment?

LUXEUIL.

Naguère admis au rang des chevaliers,
Que ta jeune valeur cherche d'autres lauriers.

EYMERI.

Puis-je le croire, ô Ciel! vous, accuser la reine!

LUXEUIL.

Les lois vont la juger et sa mort est prochaine.

EYMERI.

Qu'entends-je? quel langage, et quel horrible espoir!

LUXEUIL.

Que m'importent ses jours? Je songe à mon pouvoir.

EYMERI.

Mais vous, qui l'accusez, croyez-vous à son crime?

LUXEUIL.

J'ai vu mourir le prince.

EYMERI.

Est-il mort sa victime?

LUXEUIL.

Mon fils !

EYMERI.

Ah ! pardonnez , mais ce double trépas....

LUXEUIL.

Me sauve et t'a vengé! ne t'en afflige pas.

EYMERI.

Quel discours! quels regards! un jour affreux m'éclaire!

LUXEUIL.

Mon fils se montrera fidèle à ma colère.

EYMERI.

Qu'avez-vous fait? Je sens s'égarer ma raison !
Malheureux ! savez-vous quel horrible soupçon
Malgré moi , tout-à-coup, a passé dans mon âme ?
Grand Dieu! se pourrait-il? un enfant!... une femme!...
Qu'ai-je dit!... Non jamais!.. Et vous, mon père, et vous.
Prenez pitié d'un fils qui tombe à vos genoux!
Vous n'êtes point coupable, il le croit , il l'espère !...
Sauvez-le du malheur de soupçonner son père !

LUXEUIL.

Insensé! laisse-moi !

EYMERI.

Restez.

LUXEUIL.

Cris superflus :

Adieu.

EYMERI.

Vous le voulez, je n'interroge plus :
Je ne percerai point ce funeste mystère ;
J'abjure mes soupçons et je saurai me taire ,
Oui!... Mais écoutez-moi : nous sommes sans témoins!
Justifiez la reine, il le faut. Que du moins
L'innocence, par vous, à l'échafaud ravie.....

LUXEUIL.

Les pairs décideront ou sa mort ou sa vie.

EYMERI.

Et je le souffrirais ! l'avez-vous pu penser ?

LUXEUIL.

Sa mort est nécessaire.

EYMERY.

Il y faut renoncer !

LUXEUIL.

Imprudent !

EYMERI.

C'est moi , moi qui prendrai sa défense !

LUXEUIL.

Ton audace m'irrite , et ton aspect m'offense :
Va-t'en.

EYMERI.

Je préviendrai vos projets inhumains ;
Je ne vous quitte plus ! Oui , mon père , vos mains
Sous ses pas vainement creuseraient un abyme.

LUXEUIL.

Que veux-tu , malheureux ?

EYMERI.

Vous épargner un crime.

LUXEUIL.

Ah ! j'ai trop écouté tes discours insultants !
Fuis !

EYMERI.

Vous la sauverez, mon père !

LUXEUIL.

Il n'est plus temps !

EYMERI.

Dieu, la vertu, l'honneur, vous parlent par ma bouche;
Ne me repoussez pas ! que ma douleur vous touche !
Voyez, voyez mes pleurs!....Vous vous taisez ! Eh bien!
Tout couvert de mon sang, baignez-vous dans le sien.
Je suis son défenseur ! Frappez ! qui vous arrête?
Entre elle et ses bourreaux j'irai placer ma tête !
Frappez ! je puis encor l'arracher au trépas !
Frappez! dis-je, ou je cours....

LUXEUIL.

Tu ne sortiras pas!

Archers, emparez-vous de mon fils; qu'on l'emmène,
Et qu'il soit enfermé dans la tour de Vincenne.
Vous répondez de lui !

EYMERI, entraîné par les archers.

Mon père !

LUXEUIL.

C'est assez!

5.

EYMERI.

Je briserai mes fers !

LUXEUIL.

Aux archers.

Silence ! Obéissez !

On entraîne Eymeri ; la toile tombe

FIN DU TROISIÈME ACTE.

ACTE IV.

Le théâtre représente une chambre du château de Vincennes. Le fond
est fermé par un rideau ; des portes sont à droite et à gauche.

SCÈNE Ire.

—

PHILIPPE, seul.

Elle est là prisonnière, et moi, séparé d'elle,
Tandis qu'un peuple entier la nomme criminelle,
En songeant à mon fils je devrais fuir ces lieux ;
Les preuves du forfait ont fatigué mes yeux.
Oui, je la dois haïr, je le sens, et je l'aime !
Parfois de cruauté je m'accuse moi-même ;
Faut-il que, s'imposant le plus affreux devoir,
Mon amour se condamne à ne la plus revoir !
Non, non, de ses vertus le souvenir l'emporte,
Et je cours... Qu'ai-je dit ? debout devant la porte,
Le spectre de mon fils, une coupe à la main,
Semble de ce séjour me fermer le chemin ;

L'oserai-je braver ? Noble et chère victime,
Pardonne si mon cœur cherche à douter du crime !
J'ai voulu te venger. Rassemblés à ma voix,
Les juges vont bientôt interroger les lois.
D'enchaîner leur rigueur je ne suis plus le maître ;
Ils vont la condamner !... On s'est trompé peut-être !
Que je la voie encore, et mon regard perçant
Lira la vérité sur son front pâlissant !
C'en est fait... Approchons !.. Mais d'une voix plaintive
Les sons viennent frapper mon oreille attentive...
Elle prie, elle pleure... Ah ! c'est trop résister !

A un officier.   Seul.

Qu'on amène la reine ! Oui, je veux l'écouter ;
Je le veux, et mon cœur, que le chagrin dévore,
A besoin d'espérer et de douter encore.
Si je la repoussais, où serait son appui ?
Elle vient, je l'entends...

———

SCÈNE II.

—

PHILIPPE, MARIE.

MARIE.

Ciel ! que vois-je ? C'est lui !

PHILIPPE.

Oui, c'est moi, qui, fuyant une loi trop cruelle,
Séparé d'une épouse et plus malheureux qu'elle,
De cris accusateurs, de chagrins obsédé,
Ai voulu te revoir.

MARIE.

Vous avez bien tardé !

PHILIPPE.

Comment d'un peuple entier braver la voix sévère ?
Je suis époux encor; mais, hélas ! j'étais père !
Tout proclame ton crime, et sert à le prouver :
Eh bien ! je donnerais mes jours pour te sauver !
Je devrais te haïr !... Dans mon âme incertaine,
Marie, auprès de toi je cherche en vain la haine :
Mon cœur, de tes attraits, de tes vertus charmé,
A te croire innocente est trop accoutumé ;
Et si c'est une erreur qu'il faut que je déplore,
Je ne puis consentir à l'abjurer encore.
Je me jette à tes pieds ! parle, ouvre-moi ton cœur.
Contre toi de nos lois va s'armer la rigueur :
En butte à leur courroux, de soupçons poursuivie,
A tes accusateurs qu'opposes-tu ?

MARIE.

Ma vie !
Oui, c'est elle, ô mon roi, que j'invoque aujourd'hui,
Et contre l'échafaud c'est mon plus sûr appui.

Faut-il que devant vous j'en retrace l'histoire?
Epouse, ce beau nom fut ma joie et ma gloire;
Reine, de ce pouvoir qui s'offrait à mes vœux,
Je n'ai pris que le droit de faire des heureux;
Mère, au front de mon fils que réclame la France
De mon bonheur futur je lisais l'espérance:
Je l'élevais pour vous, et de tous mes discours
Son père et son pays embellissaient le cours;
A les chérir tous deux je formais son enfance.
Sire, telle est ma vie! et voilà ma défense.

PHILIPPE.

Hélas, si ton époux devait seul te juger!...
Mais j'ai mon peuple ensemble et mon fils à venger.
De leur voix dans mon cœur j'entends l'affreux murmure
Me crier : Ton amour outrage la nature!
Que répondre, Marie? et toi, que diras-tu?
L'ambition peut-être égara ta vertu;
La haine de mon fils dut appeler la tienne.
J'implore ton aveu; que ma douleur l'obtienne!
N'attends pas qu'aujourd'hui le tribunal des Pairs
Te déclare coupable aux yeux de l'univers.
Que servirait l'éclat de tes vertus passées?
Les preuves du forfait, sur ton front amassées,
De leur poids flétrissant te viendront accabler.
Je les connais, Marie, elles me font trembler!
Oh! parle: à mon amour un remords peut suffire.
Tu ne me réponds pas?

MARIE.

Je n'ai plus rien à dire.
Je l'avoûrai, Philippe, au fond de ma prison,
Succombant sous le poids d'un horrible soupçon,
Sans appui, sans repos, de mes larmes baignée,
Mon âme à son destin quelquefois résignée,
A l'erreur de ce peuple, à son lâche courroux,
Opposait en secret le cœur de mon époux ;
Je me disais souvent : La trompeuse apparence,
Le trépas de son fils, les fureurs de la France,
Lui peuvent ordonner de me livrer aux lois ;
Mais il est des témoins dont il entend la voix,
Des témoins qui sur lui ne sont pas sans puissance :
Mon amour, son bonheur et vingt ans d'innocence.

PHILIPPE.

Marie !

MARIE.

Oui, quand mes yeux se sont tournés vers vous,
J'ai pensé qu'écoutant des sentiments plus doux,
Votre cœur détrompé m'offrirait un refuge :
J'attendais un époux !... je n'ai trouvé qu'un juge.
Allez donc sur mon sort faire parler la loi,
Sire, et puissiez-vous être aussi calme que moi !

PHILIPPE.

Oui, tout au tribunal me prescrit de me rendre ;
Oui, j'y serai, Marie, et c'est pour te défendre !...
Qu'ai-je dit ! Malheureux ! je passe tour à tour

De l'espoir aux soupçons, de la haine à l'amour.
Je crains la vérité, je la fuis et l'implore ;
Je te cherche, et ce cœur, où tu règnes encore,
De sentiments divers sans cesse combattu,
Ne peut, en te voyant, croire qu'à la vertu.
Rassure-toi ! Grand Dieu ! qu'ai-je entendu ! je tremble !
Autour de ce palais le peuple se rassemble,
Et, poussant jusqu'au ciel des cris audacieux,
D'un geste menaçant il indique ces lieux.

LE PEUPLE, dans la coulisse.

Mort à l'empoisonneuse ! il faut qu'elle périsse !
Sa victime au tombeau réclame son supplice.

MARIE.

Et c'est moi dont leurs cris demandent le trépas !

PHILIPPE.

Ce peuple va bientôt, chassé devant mes pas,
De ses lâches fureurs expier l'insolence...
Mais à leurs cris déjà succède le silence.
L'inspirée à leurs yeux se montre ; à son aspect
Ils s'écartent, saisis de crainte et de respect.

SCÈNE III.

—

MARIE, PHILIPPE, LA BÉGUINE.

LA BÉGUINE.

L'auguste tribunal dans la salle prochaine
Se prépare, et bientôt on va juger la reine.

PHILIPPE.

Si ces lois que mon bras ne saurait enchaîner
Égaraient leur vengeance et l'allaient condamner !
Priez ! que Dieu la sauve, et qu'il la justifie !
Ne l'abandonnez pas ! Ma main vous la confie !

A Marie.

Et toi dont le regard, de mes soupçons vainqueur,
M'a rendu ma faiblesse et vient changer mon cœur,
Le Ciel peut-être encor nous garde un sort prospère !
Pardonne, chère épouse, à la douleur d'un père.
Il dut venger son fils, il dut armer la loi ;
Mais sous l'arrêt sanglant il mourrait avant toi.

SCÈNE IV.

—

MARIE, LA BÉGUINE.

LA BÉGUINE.

Les portes vont s'ouvrir.

MARIE.

Que faut-il que j'espère ?
Reine, je puis braver la mort ; mais je suis mère.
Je ne dois plus au ciel demander le bonheur :
Que pour mon fils, du moins, il me rende l'honneur !
Ou, s'il faut succomber, puisse une voix amie
De ma mémoire un jour écarter l'infamie !
Que cet espoir me reste ! et que mon fils n'ait pas
A rougir de mon nom, en pleurant mon trépas !

LA BÉGUINE.

D'un complot ignoré serais-tu la victime ?...
J'irai fouiller les cœurs, j'y surprendrai le crime.
Mes accents inspirés trahiront son effroi !...
Pour veiller sur tes jours Dieu m'envoya vers toi.
Mais on ouvre ; déjà le tribunal s'assemble.
Demeurons, devant lui nous paraîtrons ensemble.

Le rideau du fond s'ouvre ; on voit une estrade sur laquelle sont
placés les siéges destinés aux juges. Saint-Pol, Luxeuil, de Nesle
suivis des pairs et des seigneurs, entrent et prennent place. Marie
est avec la Béguine sur un des côtés du théâtre.

SCÈNE V.

—

LA BÉGUINE, MARIE, SAINT-POL, DE NESLE, LUXEUIL, Barons, Pairs, Archers.

saint-pol, du haut de son siége de président.

Nobles pairs que les lois arment de leur pouvoir,
Vous avez à remplir un pénible devoir :
Une reine accusée attend votre sentence.
Levez-vous! Du Très-Haut implorons l'assistance,
Qu'il éclaire nos cœurs, qu'il dessille nos yeux!

A Marie.

Vous, qu'un soupçon terrible amène dans ces lieux,
Répondez. Votre nom ?

MARIE.

Je me nomme Marie.

SAINT-POL.

Votre âge ?

MARIE.

J'ai vingt ans.

SAINT-POL.

Quelle est votre patrie ?

MARIE.

Le Brabant.

SAINT-POL.

Vous savez quel trépas odieux
Vous accuse!

MARIE.

On m'a lu l'écrit injurieux
Qui, d'un meurtre exécrable accueillant la chimère,
Peint Louis immolé par sa seconde mère.

SAINT-POL.

S'il est vrai que l'erreur ait dicté le soupçon
Qui vous livre à nos lois et souille votre nom,
La justice des pairs sera votre défense;
Mais, vous remémorant les jours de votre enfance,
Que la vérité seule inspire vos discours,
Et de vos premiers ans retracez-nous le cours :
Dieu vous voit.

MARIE.

L'innocent a-t-il d'autres refuges?

SAINT-POL.

Dieu vous entend, Marie.

MARIE.

Il jugera mes juges.

SAINT-POL.

Parlez.

MARIE.

Au beau pays où j'ai reçu le jour
Un frère m'entourait de son pieux amour.
Il était tout pour moi;... dans les murs de Maline,
Près de lui s'écoula mon enfance orpheline.

Je ne demandais point un sort plus glorieux.
Tout à coup des Français le roi victorieux,
Des combats allumés sur nos tristes rivages
Souhaita que l'hymen arrêtât les ravages.
Mon frère confia ma jeunesse à sa foi,
Et la paix sur vos bords descendit avec moi.
J'arrivai dans Vincenne, heureuse, mais craintive,
Et bientôt je chéris ma patrie adoptive.
J'ai, sur ce trône auguste où Dieu m'a fait asseoir,
Sollicité l'amour, et non pas le pouvoir.
J'ai cru me dérober aux fureurs de l'envie ;
J'ai fait un peu de bien... voilà toute ma vie.

SAINT-POL.

On prétend que jadis vos regards indiscrets
D'un art maudit du ciel ont sondé les secrets ;
On dit que la magie et d'affreux sortiléges
Ont assuré long-temps vos succès sacriléges.
Comment, dès votre enfance, au luth des troubadours
Auriez-vous pu prêter vos étrangers secours ?
Quel Dieu vous inspirait quand de vos longues veilles
Les docteurs confondus admiraient les merveilles ?
Répondez !

MARIE.

            Que me font les discours des méchants ?
Lorsque du ménestrel j'ai protégé les chants,
Je voulais de Philippe illustrer la mémoire,
Le parer d'un grand nom et d'une double gloire ;

Et quand on applaudit à ses exploits guerriers,
Aux lauriers des combats mêler d'autres lauriers.
Mes bienfaits du poëte enflammaient l'énergie ;
J'honorais ses travaux... c'est ma seule magie.

SAINT-POL.

Louis, que sa naissance appelait à régner,
Souvent à votre aspect a paru s'indigner.
Nous avons tous connu votre haine et la sienne.

MARIE.

La haine n'entre point dans une âme chrétienne.
Louis me repoussa ; long-temps il fut trompé :
Je le croyais vaincu quand la mort l'a frappé.

SAINT-POL.

Vous deviez pour un fils convoiter la couronne,
Et la mort de Louis le conduisait au trône.

MARIE.

Par un assassinat lui prouver mon amour,
C'était perdre le sien.

SAINT-POL.

       Mais qui, dans cette cour,
Du prince infortuné put menacer la vie,
Ou même souhaiter qu'elle lui fût ravie?

MARIE.

Je l'ignore.

SAINT-POL.

       Chez vous le poison fut trouvé.
Cet arbre dangereux, par vos mains cultivé,

A versé son venin dans la coupe perfide
Que le prince reçut au banquet régicide.

MARIE.

Du malheureux Louis j'ai déploré le sort.
Un mystère d'horreur environne sa mort,
Je le sais; et Dieu seul, touché de ma prière,
Peut sur ce crime affreux répandre la lumière.
Mais, avant d'invoquer les rigueurs de la loi,
Vous n'avez pas songé qu'il est auprès du roi
Des hommes que peut-être irritait ma puissance,
Et que souvent la haine égorgea l'innocence.
La coupe et le poison me viennent dénoncer :
Eh bien! dans mon palais n'a-t-on pu les placer?
N'a-t-on pu, m'entraînant sur le bord de l'abyme,
Dans un piége exécrable enlacer la victime;
Et, pour mieux m'arracher le cœur de mon époux...?

LUXEUIL.

Qui d'un pareil forfait est soupçonné?

MARIE.

                              C'est vous!

LUXEUIL.

Moi! qui de mes respects environnant ma reine...!

MARIE.

Vos perfides respects cachaient mal votre haine;
Et mon accusateur peut-être dans ce jour
Au rang de l'accusé va descendre à son tour.

LUXEUIL.

Parlez, reine, parlez! Ce tribunal auguste

6

Nous jugera tous deux. Le malheur est injuste.
Moi, qui vous défendais, vous m'accusez ! Eh bien !
Je vous plains ; je m'incline, et ne répondrai rien.

EYMERI, dans la coulisse.

J'entrerai.

SOLDATS, dans la coulisse.

Non, fuyez !

SAINT-POL.

A Eymeri, qui entre

Qu'entends-je ! Téméraire !

SCENE VI.

LES MÊMES, EYMERI.

EYMERI.

Nobles pairs, écoutez.

LUXEUIL, à part.

C'est lui ! que va-t-il faire ?

EYMERI.

Vous, que l'erreur assemble en ce lieu solennel,
Suspendez à ma voix un débat criminel.
Sous le poids des soupçons la vertu gémissante
Succombait... Tremblez tous ! la reine est innocente !

MARIE.

Qu'ai-je entendu !

LUXEUIL.

Mon fils !

SAINT-POL.

Qu'il parle sans effroi !

EYMERI.

Je connais le coupable.

LUXEUIL, à part.

O ciel !

SAINT-POL.

Quel est-il ?

EYMERI.

Moi.

SAINT-POL.

Vous !

EYMERI.

Louis m'exila du beau pays de France,
Et mon cœur ulcéré s'ouvrit à la vengeance.

SAINT-POL.

Mais quand il expira vous aviez fui ces lieux.

EYMERI.

Non : près de lui caché, je trompais tous les yeux.
Il mourut : je partis. Le remords me ramène.
Tout un peuple égaré dut accuser la reine.
Complice de l'erreur, mon père sur son front
D'un soupçon qu'il abjure a fait peser l'affront.

6.

Vous lisez dans ses yeux la douleur qui l'accable;
Reine, pardonnez-lui!... Vous, frappez le coupable.

LA BÉGUINE.

Est-il vrai?

LUXEUIL, à part.

L'insensé!

SAINT-POL.

Soldats, veillez sur lui.

Il descend de son siége. Tous les pairs l'imitent.

Vous qu'une erreur cruelle accusait aujourd'hui,
Sur les cœurs détrompés reprenez votre empire;
Votre pouvoir renaît, reine, et le nôtre expire.
Dieu voulut des méchants confondre les projets.
Vos juges ne sont plus... Relevez vos sujets.

MARIE.

Nos lois vous commandaient de punir un grand crime.
Vous avez, nobles pairs, des droits à mon estime;
Mon cœur qui vous plaignait n'a rien à pardonner.

A part.

Levez-vous. Est-ce lui qu'il faudra condamner?
Malheureux!

LA BÉGUINE, à part.

J'entrevois un horrible mystère.

EYMERI, à part.

Je vais mourir pour elle, et j'ai sauvé mon père.

UN OFFICIER, en entrant.

Place au roi.

SAINT-POL.

Mes seigneurs, il faut nous retirer.

Luxeuil et les pairs s'éloignent. Eymeri est emmené par les
archers.

MARIE.

Je retrouve un époux!

LA BÉGUINE, dont les regards sont restés attachés sur
Luxeuil pendant toute la fin de la scène.

Grand Dieu, viens m'inspirer!

FIN DU QUATRIÈME ACTE.

ACTE V.

Le théâtre représente une prison dans le château de Vincennes.

SCÈNE 1re.

REYNOLD, 2e ARCHER.

L'ARCHER.

Compagnon, l'heure avance, et le jour n'est pas loin ;
Bientôt nous quitterons ce lieu.

REYNOLD.

             J'en ai besoin ;
Le vent du nord me glace, et ma main s'est roidie.

L'ARCHER.

Le vin réchauffera ta valeur engourdie.
Mais, parle : que dis-tu du grand événement ?
Souvent pour tout changer il ne faut qu'un moment.

REYNOLD.

C'est le jeune Eymeri qui fit périr le prince.

L'ARCHER.

Son père le croyait au fond d'une province;
Mais lui-même aux barons s'est venu dénoncer.

REYNOLD.

C'était l'empoisonnèur !... Qui l'aurait pu penser?

L'ARCHER.

Je l'avais reconnu déguisé dans Vincenne.

REYNOLD.

Son père est bien à plaindre.

L'ARCHER.

        Il détestait la reine.

REYNOLD.

Restera-t-il ministre?

L'ARCHER.

Oh ! non pas.

REYNOLD.

             Sur ma foi,
Il mérite sa chute; et, si j'étais le roi,
En punissant le fils je bannirais le père.
Je te le dis tout bas.

L'ARCHER.

       Il le fera, j'espère.

REYNOLD.

On le disait méchant.

L'ARCHER.

       Il était dur et fier.

REYNOLD.

Il doubla les impôts.

ACTE V.

L'ARCHER.

C'est un baron d'hier.

REYNOLD.

Je le vois rarement; son seul regard m'effraie.

L'ARCHER.

C'est lui qui des archers avait réduit la paie.

REYNOLD.

Le roi doit le chasser.

L'ARCHER.

Moi, je le pense ainsi.

REYNOLD.

Ecoute, camarade; on marche près d'ici.

L'ARCHER.

Oui, dans le corridor à pas lents on s'avance.

REYNOLD.

Vient-on au criminel annoncer sa sentence?

L'ARCHER.

Non.

REYNOLD.

Les postes déjà seraient-ils remplacés?

SCÈNE II.

—

Les Mêmes, LUXEUIL.

L'ARCHER.

Qui va là ?

LUXEUIL.

Saint-Denis et *Vincenne.*

L'ARCHER.

Passez.

LUXEUIL.

Faites venir mon fils : le roi vers lui m'envoie,
Et permet qu'aujourd'hui son père le revoie.

Un des archers sort ; l'autre se tient dans le fond.

LUXEUIL, sur le devant de la scène.

Puissé-je l'arracher encore à l'échafaud !
Un seul moyen me reste ; oui, sans doute, il le faut !
Je l'aime, l'insensé !... Hâtons sa délivrance !
Avec lui sans retard abandonnons la France.
Tout est prêt ; Landry veille, et n'attend plus que nous.

SCÈNE III.

—

LUXEUIL, EYMERI, LES DEUX ARCHERS.

EYMERI.

Que vois-je! c'est mon père!

LUXEUIL.

Archers, retirez-vous.

Les archers sortent.

———

SCÈNE IV.

—

EYMERI, LUXEUIL

EYMERI.

Mon père!

LUXEUIL.

Malheureux! approche; le temps presse;
On te juge, et des lois la hache vengeresse
S'agite sur ton front.

EYMERI.

Je l'attends sans effroi.

LUXEUIL.

Veux-tu donc que ton sang rejaillisse sur moi ?
Dans quel abyme affreux ton délire m'entraîne !
Tu m'as perdu, mon fils !

EYMERI.

Non , j'ai sauvé la reine !

LUXEUIL.

Et c'est pour elle, ingrat, que, nous perdant tous deux,
Ta fatale vertu brave un trépas honteux ?

EYMERI.

Non , l'échafaud pour moi ne sera pas sans gloire !
Qu'importe que le monde accuse ma mémoire,
Si la reine , à mon nom soupirant quelquefois ,
Aux cris accusateurs ne mêle point sa voix ?
Oui, de son souvenir honorant la victime.
Elle me plaint peut-être et doute de mon crime ;
Laissez-moi l'espérer , et je meurs sans regrets.

LUXEUIL.

Penses-tu que mes yeux, quand les bourreaux sont prêts,
Te verront sur ta tête appeler le supplice ?
De la mort de mon fils je serais le complice !
Et quand je remplirais ton exécrable espoir ,
Quand mon cœur, desséché par la soif du pouvoir,
Ferait taire à jamais le cri de la nature ,
Quand rien ne trahirait ta fatale imposture.
Quel serait mon destin ? Flétri par ton trépas,
La route des honneurs est fermée à mes pas !

Faut-il traîner , obscur , ma misérable vie?
Vois mes honneurs crouler et triompher l'envie !
Non , j'accours te sauver et je pars avec toi !
Des jours brillants encor se lèveront pour moi;
Leur éclat couvrira mon nom et ma famille.
Viens , tout est préparé : les champs de la Castille
Accueilleront bientôt nos destins fugitifs.
Viens , l'ombre de la nuit voile nos pas furtifs ;
Des hommes dévoués , prêts à tout entreprendre ,
Non loin de la forêt tous deux vont nous attendre ;
D'autres , dans le château par mes soins introduits ,
Se mêlent aux archers que mon or a séduits.
Suis-moi.

EYMERI.

Que dites-vous? quelle est votre espérance?
La Castille , mon père? elle combat la France !

LUXEUIL.

Que t'importe ! suis-moi.

EYMERI.

Je crains d'interroger.

LUXEUIL.

Là m'attend la fortune , ici tout est danger.

EYMERI.

Comment ! que dites-vous? et quel nouveau mystère?
Des secrets de l'état vous le dépositaire ,
Chez un prince ennemi vous porteriez vos pas?

LUXEUIL.

Je n'ai plus qu'un devoir , t'arracher au trépas !

EYMERI.

Ah ! périsse l'espoir de défendre ma vie !
Que mille fois plutôt elle me soit ravie !
Vous pourriez oublier la France et votre roi !
La France a mon amour, et Philippe a ma foi :
Je garderai mes fers.

LUXEUIL.

Es-tu donc las de vivre ?

EYMERI.

Eh bien ! qu'en m'exauçant votre amour me délivre :
Abjurez devant moi de coupables projets.
Je vous suis. Exilés, mais fidèles sujets,
Nous irons dans les lieux que la ferveur habite.
Sous l'obscur vêtement du pieux cénobite,
Prosterner à l'autel notre humble repentir :
Ou plutôt, implorant le trépas du martyr,
Courons, guerriers chrétiens, sous les murs de Solime,
Payer de notre sang le pardon d'un grand crime.

LUXEUIL.

Qu'exiges-tu de moi ?

EYMERI.

J'embrasse vos genoux !
De l'abyme entr'ouvert sauvez-moi, sauvez-vous !
Infortuné, votre âme un instant criminelle
Ne se ferma jamais à l'amour paternelle :
Votre fils à vos pieds vous demande un remord.
Mais un nouveau forfait est l'arrêt de sa mort !

LUXEUIL.

L'heure fuit, malheureux !

EYMERI.

Je suis prêt à vous suivre;
Mais c'est pour vous sauver que je consens à vivre.
Venez : Dieu, qui vous voit, et pourrait vous punir,
Au repentir encore a laissé l'avenir.

LUXEUIL.

Qu'entends-je? C'est Landry! Que veut-il?

SCÈNE V.

—

EYMERI, LUXEUIL, LANDRY.

LUXEUIL.

Qui t'amène?

LANDRY.

Jusqu'à vous en ce lieu pénétrant avec peine,
Je viens vous avertir qu'en vain vous espérez
Rejoindre les secours dans le bois préparés :
A vos pas, maintenant, la route est interdite.

LUXEUIL.

Comment ?

LANDRY.

Tout était prêt pour cacher votre fuite;
J'attendais, quand soudain paraît sur les remparts
Une femme en délire, et les cheveux épars.
On s'éveille à sa voix, on s'agite, on s'élance.
Elle criait : « Soldats, saisissez votre lance !
« Le coupable à la mort croit encore échapper :
« Il veut fuir; mais Dieu veille et saura le tromper !
« Je l'observe; mes yeux, attachés sur sa trace,
« De ses complots futurs préviendront la menace.
« Venez. » On obéit, on l'écoute, et sa main
Aux soldats étonnés a montré le chemin.
Entre le bois et vous ils sont placés par elle;
Et moi, reconnaissant la voix qui les appelle,
Sous cet habit d'archer je passe inaperçu.

LUXEUIL.

Eh quoi ! nul moyen !

LANDRY.

Non, votre espoir est déçu.

EYMERI.

Rassurez-vous, mon père.

LANDRY.

En ce péril extrême,
Avant que de songer à me sauver moi-même,
J'ai dû vous avertir : me voilà quitte, adieu !

LUXEUIL.

Tu pars !

LANDRY.

Je ne veux pas qu'on me trouve en ce lieu.
Mes gens sont rassemblés dans la forêt prochaine ;
Grâce à ce vêtement, je quitterai Vincenne.
Un instant, il est vrai, je fus ambitieux :
L'exemple de Luxeuil éblouissait mes yeux.
Je vois où l'ont conduit ses intrigues obscures !
Je renonce à la cour : les forêts sont plus sûres.

———

SCÈNE VI.

—

EYMERI, LUXEUIL.

LUXEUIL.

Quels cris !

EYMERI.

De votre fils acceptez les secours !
Qu'à la rigueur des lois je dérobe vos jours.
Ne vous trahissez pas, et vous vivrez, mon père !

LUXEUIL.

Non, mon fils ; c'est en vain que ta vertu l'espère.

EYMERI.

Ne me refusez pas, je tombe à vos genoux !

LUXEUIL.

Non, jamais !

EYMERI.

Je saurai vous sauver malgré vous.

LUXEUIL.

On entre ! Je l'entends ! Où me cacher ! C'est elle !

SCÈNE VII.

—

MARIE, PHILIPPE, LA BÉGUINE DE NIVELLE, LUXEUIL, EYMERI, Seigneurs, Soldats, Peuple.

LA BÉGUINE.

Ma sainte mission devant vous se révèle :
Qu'on me suive.

PHILIPPE, à Luxeuil.

Approchez.

EYMERI.

Sire, un père tremblant
Voulait ravir son fils à l'échafaud sanglant :
Vous lui pardonnerez. Mon châtiment s'apprête ;
Je ne le fuirai pas ; frappez, voici ma tête !

LA BÉGUINE.

Le coupable aux bourreaux ne saurait échapper,
Oui... Mais ce n'est pas toi que leur main va frapper.

EYMERI.

Quand un forfait me livre au trépas que j'espère,
Qui peut m'y dérober ?

LUXEUIL.

Interroge ton père.

EYMERI.

O Ciel !

PHILIPPE.

Qu'ai-je entendu !

LUXEUIL.

Ta fureur en ce lieu
Me vient-elle accuser ?

LA BÉGUINE.

Ce n'est pas moi : c'est Dieu !

LUXEUIL.

L'imposture.....

LA BÉGUINE.

Est-ce à toi de parler d'imposture ?
Misérable ! En ton cœur étouffe la nature ;
Lègue à ton noble fils l'échafaud qui t'attend ;
Sous le fer des bourreaux va le voir palpitant :
L'oseras-tu ?

LUXEUIL.

Mon fils !

LA BÉGUINE.

Tu trembles, tu balances !

LUXEUIL.

Quand la voix de mon fils retrace les souffrances...

LA BÉGUINE.

Non, l'amour paternel n'entre point dans ton cœur ;
Il ne le trouble pas, malheureux !... c'est la peur !
De tes nombreux complots j'ai démêlé la trame ;
A mes yeux inspirés Dieu semble ouvrir ton âme !
Quelle main au cercueil plongea le fils du roi ?
Qui près de lui plaça l'empoisonneur ?... C'est toi !

PHILIPPE.

Qu'entends-je! lui, comblé des bienfaits de son maître!

LA BÉGUINE.

Qui, prêt à mendier le salaire du traître,
Ami, sujet coupable et ministre sans foi,
Courait vendre l'état, Luxeuil? c'est encor toi !
Tu voulais entraîner l'innocence au supplice.
Mes soupçons t'épiaient !... j'ai trouvé ton complice ;
Il a parlé ! Saisi non loin de la forêt,
Un moine castillan m'a livré ton secret.

LUXEUIL.

Qui? lui !

LA BÉGUINE.

        La main de Dieu sur toi s'est étendue !
Tu cherches ton audace en ton âme éperdue.
Celui de qui la voix m'a nommé l'assassin
Me montre les écrits que recèle ton sein !
Prince, qu'on le dépouille!

LUXEUIL.

        Arrêtez! Dieu l'inspire !

D'un ascendant vainqueur je reconnais l'empire.

Oui, le prince mourut empoisonné par moi !

Oui, j'abhorrais Marie et j'ai trahi mon roi.

Les voilà ces écrits garants de ma vengeance !

Mon crime dévoilé n'attend point d'indulgence ;

Mais n'exigez de moi ni crainte ni remord !

Mes honneurs sont détruits!.. qu'on me mène à la mort.

EYMERI.

Mon père!

Il suit Luxeuil, qui sort avec des archers.

SCÈNE VIII.

MARIE, PHILIPPE, LA BÉGUINE, Seigneurs, Soldats, Peuple.

MARIE.

Infortuné, d'un dévouement sublime

Où donc sera le prix ?

LA BÉGUINE.

Sous les murs de Solime.

Oui, c'est là que, fuyant dans un transport sacré,

Vertueux orphelin, sous un nom ignoré

Cachant d'un nom flétri l'opprobre héréditaire,

Il cherchera bientôt un trépas volontaire !

Je le vois!... Aux chrétiens qui meurent en fuyant
Il apparaît!... Ses cris, son glaive foudroyant,
A nos saints étendards ont rendu la victoire!
Ne cache plus ton nom épuré par la gloire,
Car tu viens d'appeler sur un crime odieux
L'indulgence du monde et le pardon des cieux!

FIN.